AF360308

LES TABLEAUX,

COMEDIE

EN UN ACTE ET EN VERS:

Repréſentée par les Comediens Italiens
Ordinaires du Roy, pour la premiere fois,
le 18 Septembre 1747.

Par Monſieur **PANARD.**

Prix vingt-quatre ſols.

A PARIS,

Chez la V. DE LORMEL, & FILS, Imprimeur,
Libraires de l'Academie Royale de Muſique,
ruë du Foin, du côté de la ruë S. Jacques,
à l'Image Sainte Geneviéve.

M. D. C. C. XLVII.

AVEC APPROBATION & PERMISSION.

ACTEURS.

LA PEINTURE,	*Me. Riccoboni.*
UN ELEVE de la Peinture,	*M. Dehesse.*
LA MINIATURE,	*Mlle. Astraudi.*
LE GENIE DE LA MUSIQUE,	*M. Rochard.*
UNE ECOLIERE de Terpsicore,	*Mlle. Camille.*
SCAPIN Peintre,	*M. Ciavarelli.*
LA POESIE,	*Mlle. Silvia.*

La Scene se passe à Paris, dans un Salon de l'Academie de Peinture.

LES TABLEAUX,

COMEDIE.

SCENE PREMIERE.

LA PEINTURE, *seule.*

U'IL est flatteur pour toi, Muse de la
    Peinture,
    De voir que la fureur de Mars,
Qui fut toujours contraire à la gloire des
    Arts,
A la tienne ne peut faire la moindre injure.
    Chaque jour sous mes Etendarts,
    Plus d'un Eleve ici s'engage,
    Et par un charmant avantage,
    Je vois venir de toutes parts,

A

2 **LES TABLEAUX,**

Des Amateurs zélés, dont je reçois l'hommage,
Et qui pour me juger digne de leur suffrage,
Fixent sur mes travaux leurs avides regards.
Les beaux Arts vont ici me rendre leur visite.
Dans quelqu'un d'eux, peut-être un mouvement
        jaloux
S'élève, & contre moi secrettement l'excite ;
Quels que soient leurs motifs, je les attendrai tous,
Que dois-je apprehender après ma réussite ?
      Un de mes Eleves paroît ;
      C'est apparemment quelqu'ouvrage
Que l'on vient demander ; il faut voir ce que c'est.

SCENE II.

LA PEINTURE, UN ELEVE.

LA PEINTURE.

Ａ Me chercher ici, quel sujet vous engage ?

L'ELEVE.

Plusieurs. Il est venu le Commis d'un Greffier,
    C'est son Portrait qu'il me demande,
    Comment faudroit-il que je rende
      Ce vif & loyal Officier ?
Afin que la nature y soit bien exprimée,
Faudra-t'il que sa main soit ouverte ou fermée ?
Je n'ose, de mon chef, sur ce point décider.

COMEDIE.

LA PEINTURE.

Ouvrez-la , fermez-la , jamais de se méprendre
Pour Gens de ce métier , l'on ne peut hazarder ;
　　S'ils ouvrent la main , c'est pour prendre ,
　　S'ils la ferment , c'est pour garder.

L'ELEVE.

Un célebre Amateur , dont vous êtes cherie ,
M'a demandé tantôt , que par allegorie ,
Je lui peignisse au vrai le Portrait du plaisir ;
Daignez m'éclairer , je vous prie.

LA PEINTURE.

Le plaisir est charmant , il n'est rien de si beau ,
Contre lui cependant , il faut que l'on combatte ,
Pour le tenir toujours dans un juste niveau ;
D'abord, pour nous gagner, il nous rit & nous flatte,
　　Il séduit , quand il est nouveau ,
Mais bien-tôt sur nos yeux attachant un bandeau ,
Et cachant sous des fleurs son amertume extrême ,
Cruel , plus on le fuit , funeste , plus on l'aime ;
Il enyvre le cœur , il trouble le cerveau ,
Efface la beauté , met l'Amour au tombeau ,
　　Languit , meurt & s'éteint lui-même ,
Consumé par les feux de son propre flambeau ;
C'est ce qu'il faut saisir , pour faire son tableau.

L'ELEVE.

Cette execution me paroît difficile ,
Un autre Curieux connu dans cette Ville ,
Nous demande une Estampe , où l'on dépeigne bien
A ij

Les querelles comiques
Des Chimiftes en corps, contre les Empiriques.

LA PEINTURE.

Ce Procès fit long-tems du Public l'entretien;
Avez-vous commencé de rendre cette idée?

L'ELEVE.

Oui, j'ai peint la chicane au regard inhumain,
      Etique, hideufe, ridée,
Qui d'un foufle infernal, leur embrafant le fein,
Des deux partis dans plus d'une audience
      Amufe l'efpoir incertain;
      Et pour multiplier fon gain,
      Les tient l'un & l'autre en balance.
Sur les deux Conteftans, la maligne éloquence,
Par des factums épais, répandra fon venin,
      La Juftice, dans le lointain,
      Kira de cette pétu'ence;
      Et pour achever le deffein,
      Je veux mettre à quelque diftance
La Déeffe fanté, qui la bourfe à la main,
      Victime d'un art affaffin,
      Payera tous les frais de l'Inftance.

LA PEINTURE.

Ce fujet, dans ce goût, me paroît bien traité,
      Votre réuffite eft certaine.

L'ELEVE.

Quelque difficulté pourtant me met en peine,
      Et fur un point, je me trouve arrêté.

Je ne puis concevoir par quel fantaisie
　　　La Peinture & la Poëfie
Donnent à la chicane une affreufe maigreur,
　　　Qui la rend have à faire peur ,
Vû qu'il n'eft point de jour qu'elle ne fe repaiffe
　　　Des morceaux les plus excellens ;
　　　Jambons , fin Gibier , Vins charmans
　　　Dans fon logis , pleuvent fans celle
Le client Neuftrien , l'accable de préfens ,
　　　Et c'eft pour elle qu'on engraiffe
　　　Les deux tiers des Chapons du Mans.

La Peinture.

　　　Je le fçais , mais il eft en elle
Un appetit fi grand , une faim fi cruelle ,
　　　Que le vorace Erefifton
　　　N'a jamais été fi glouton :
Chez elle baffe-Cour , Colombier , Bergerie ,
Tout fond : dans le moment , où l'eftomac lui crie ,
Et le moment fatal , arrive à tout propos ,
On lui voit dévorer les Arbres les plus gros.
Ses dents fur des Palais exercent leur furie ,
　　　Elle dejeûne d'un Enclos ,
　　　Et dine d'une Metairie.

l'Eleve.

Quel monftre !

La Peinture.

　　　Changons de difcours.
Nos Tableaux, dans Paris ont-ils eu grand concours?
Vous vifitez fouvent ces Sales décorées ,

Où le Public decide en Juge souverain,
Quelles piéces par lui sont les plus admirées ?

L'ELEVE.

Le nombre en est grand ; mais enfin
Erigone, Europe, Silêne,
Et le cynique Diogêne,
Sont les morceaux les plus cheris,
Et ceux de ce rang-là qui meritent le prix.

LA PEINTURE.

Je leur avois d'avance accordé l'avantage,
J'aime à voir le Public confirmer mon suffrage.

L'ELEVE.

On applaudit avec ardeur,
Le Portrait d'une REINE Auguste,
Dont les tendres regards s'attachent sur le Buste
Du Héros, qui fixe son cœur :
Quel port majestueux ! quelle noble atitude !
Non, non, je ne crois pas que l'art, joint à l'étude,
Puisse jamais la rendre mieux :
Une bonté qui flatte, une douceur qui touche,
Donnent à sa grandeur l'air le plus gracieux ;
L'aimable vérité se montre sur sa bouche,
Et l'on voit son cœur dans ses yeux.

LA PEINTURE.

Le sujet est charmant, la main du Peintre est bonne,
Le succès n'a rien qui m'étonne.
Eh ! Comment le Héros est-il représenté ?
A-t'on bien pris son air, & sa noble fierté ?

Quel Monarque jamais fit voir tant de clemence,
    Unie à tant de Majefté ?
S'il n'eût été forcé de montrer fa puiffance,
L'Univers n'eût jamais connu que fa bonté.

L'Eleve.

Le Bufte d'un Héros fi grand, fi magnanime,
Dans l'un & l'autre genre, eft bien exécuté,
Et le marbre a rendu ce que la toile exprime :
On applaudit encore un Portrait martial,
    Où le goût, foumis à la regle,
Nous prefente les traits, d'un fameux Général
    Que l'on peut comparer à l'Aigle.

La Peinture.

A l'Aigle comme vous je le juge pareil,
Pour voler jufqu'auCieux tous deux quittentla terre,
Tous deux ont l'heureux fort d'approcher du Soleil,
Tous deux vengent les Dieux,& portent le tonnere.

L'Eleve.

Je vais continuer mes Tableaux commencés,
    Et j aurai pour vous fatisfaire,
Toujours un zèle exact & des foins empreffés.

SCENE III.

LA MINIATURE ET LA PEINTURE.

LA MINIATURE.

BOn jour ma grande Sœur.

LA PEINTURE.

Ah ! bon jour la Petite ;
Que cherchez-vous ici ? . .

LA MINIATURE.

Ne voulez-vous pas bien
Que sur vos grands succès, mon cœur vous félicite ?
Chacun dit qu'il n'y manque rien.
Dans une demeure Royale
Vos chefs-d'œuvres , que l'on étale ,
Font voler votre gloire aux plus lointains climats :
Un triomphe si beau n'a rien dont je murmure ;
Mais pourquoi la Miniature ,
Dans Paris aujourd'hui ne reçoit-elle pas
Les honneurs éclatans dont jouit la Peinture ?
Pour briller comme vous manque-t'elle d'appas.

LA PEINTURE.

Eh, fi donc , pour vous voir il faut un microscope,

LA

La Miniature.

Tout doux , ma grande Sœur, apprenez que l'Hy-
　　　fope
A fon merite ainfi que l'Orme le plus haut.
Eft-ce donc , s'il vous plaît , à la toife qu'il faut
Mefurer les talens ? Quelle erreur eft la vôtre !
Vous avez votre prix & nous avons le nôtre.
　　　Si c'eft par la difficulté
　　　Qu'on doit eftimer un ouvrage ,
On peint un Elephant avec facilité ,
Le portrait d'un Ciron coûte bien davantage.
Plus l'objet eft petit , & plus les traits font fins :
Confultez fur cela les Grecs & les Romains ,
Même ceux qu'a produit la Nation Flamande ,
　　　L'Axiome que j'ai cité
De leur côté n'a rien que j'aprehende ;
Jamais par les Sçavans , il ne fut contefté ,
　　　Et ne l'eft dans aucune Ecole.

La Peinture.

　　　Jufte Ciel ! Comme la parole
Coule chez vous avec légereté !
　　　Mais laiffons votre pétulance ,
　　　Votre porte-feuille , je penfe ,
Renferme du nouveau ?

La Miniature.

　　　Voudriez-vous le voir !
Vous-n'avez qu'à parler , je fçai trop mon devoir,
　　　Pour refufer ma Sœur aînée ,
　　　Je me croirai très-fortunée
　　　Si vous approuvez mes morceaux.
　　　　　　　B

LA PEINTURE.

Je me flatte qu'ils feront beaux :

LA MINIATURE.

Votre attente, je crois, ne fera pas déçue,
Regardez ce Portrait.

LA PEINTURE.

Il préfente à ma vûe
Le Dieu Mars.

LA MINIATURE.

Non.

LA PEINTURE.

Ces yeux, ce vifage en fureur,
Ce bras à demi-nud, cette haute encolure,
Caraéterifent fa figure ;
C'eft fûrement le Dieu de la Valeur.

LA MINIATURE.

Point du tout,

LA PEINTURE.

Eh, qui donc ?

LA MINIATURE.

Un jeune Procureur.

LA PEINTURE.

Un jeune Procureur ! Quelle bizarrerie !
Pour achever l'allégorie,

Il falloit donc lui mettre une lance à la main,
Pourquoi l'avoir obmis ? Puisque c'est la coutûme,

LA MINIATURE.

C'est qu'il lui suffit de sa Plume,
Pour dépoüiller le genre humain.
Voyez cette Venus.

LA PEINTURE.

Quelle simpiternelle !
La brillante Venus...

LA MINIATURE.

Eh , mais c'est une belle
Qui compte soixante Printems,
Et dans sa bouche quatre dents :
Je voulois la peindre en Cybelle ,
Mais la fin tragique d'Atis
Lui fit rejetter mon avis.

LA PEINTURE.

L'indifferent Atis l'auroit été pour elle.

LA MINIATURE.

Tenez , de tout vos yeux examinez cela.

LA PEINTURE.

J'y vois sur le gazon... Diane la sevère ,
Les Chiens , l'Arc & le Cor , tout le dit.

LA MINIATURE.

Non , c'est-là
B ij

Une Nymphe des Chœurs.

La Peinture.

Qui la reconnoîtra ?
Mais il faut du contrafte , il vous eft neceffaire ,
Pour qui font ces Portraits ?

La Miniature.

Cela ne fe dit pas.
La Miniature eft difcrette ,
C'eft ce qui fait qu'elle a la pratique fecrette
Des Amoureux de tous états :
On vous montre en public , on montre en cachette.

La Peinture.

Vous m'avouerez pourtant que fur vous j'ai le pas.

La Miniature.

Je vous contefterai ce droit jufqu'au trépas.
C'eft moi qui de l'illuftre & charmante Dauphine ,
La premiere ai tracé la peinture divine ;
C'eft moi qui , pour former le lien le plus doux ,
Y travaillai dès l'origine ,
En offrant fon Portrait à fon illuftre Epoux.
Adieu ma grande Sœur ; dans votre orgueil jaloux
L'erreur vainement vous obftine ,
Ce dernier trait fuffit pour m'égaler à vous.

La Peinture.

Faifons la paix ; point de querelle.

La Miniature.

Convenez que l'honneur eft égal entre nous ,
Je vous offre à ce prix une amitié fidelle.

SCENE IV.

LE GENIE DE LA MUSIQUE,
LA PEINTURE.

LE GENIE.

DEESSE , vous venez d'expofer à Paris,
Des ouvrages vainqueurs , des raifins de Reuxis ,
    Et de la Venus d'Appelle ;
    Phidias & Praxitelle
Sont effacés par des morceaux exquis.
Les Curieux chez-vous admirent la fineffe
    Du Paftel , du Pinceau ,
    Du Burin , du Cizeau.
Leur travail n'eut jamais tant de délicateffe.

LA PEINTURE.

Je fouhaiterois fort répondre galamment ,
Aux termes gracieux de votre compliment ,
    Mais Sçavant Dieu de la Mufique ,
    La Peinture eft peu politique ;
Son principal merite eft dans la vérité ;
    Et de fincerité
    Toujours elle fe pique.

LE GENIE.

Toujours ! C'eft dire trop : il eft très-conftaté
Que fouvent la Peinture admet la fauffeté.

La Peinture.

La fauſſeté ! Moi ?

Le Genie.

   Vous, eh, flatteuſe Peinture,
Qui plus que vous pratique l'impoſture ?
Sur-tout dans le Portrait, vos ſoins officieux
Tous les jours avec art corrigeant la nature,
Aux dépens de la bouche agrandiſſent les yeux.

La Peinture.

Vous voulez, je le vois, d'une amitié très-chere
Lier entre nous deux, le commerce ſincère :
Soit, continuons ; mais loin de me contrôler,
Vous devriez ſonger vous-même à travailler
Dans mon goût; car enfin la Muſique, la Danſe,
  La Poëſie & l'Eloquence
Doivent toutes ſçavoir les regles du deſſein,
Doivent toutes avoir la palette à la main,
Doivent toutes jamais ne s'appliquer qu'à peindre.

Le Genie.

De moi, ſur ce chapitre, on a tort de ſe plain-
  dre,
   Car dans mes œuvres je peins tout
   Vivement & du meilleur goût ;
Je puis vous en donner une preuve complette
   Dans une piece que j'ai faite,
   Une Simphonie où je peins
   Le point du jour : d'abord je feins

Que je fuis dans un bois, fous un naiffant feuil-
    lage,
Là, des oifeaux ainfi j'exprime le langage,

L'Orqueftre joue une finphonie qui imite le chant des
Oifeaux.

LA PEINTURE.

Fort bien.

LE GENIE.

Dans ce moment des Chaffeurs animés
Arrivent dans le bois ; le Cor qui les appelle,
Par fes fons redoublés fait taire Philomele,
Et leurs tranfports ainfi font exprimés.

Bruit de chaffe.

LA PEINTURE.

Vous m'offrez dans vos airs un tableau qui me
    flatte.

LE GENIE.

Je traite la vocale avec un goût pareil,
Je vais, pour le prouver, chanter une Cantate.

LA PEINTURE.

Quel en eft le fujet ?

LE GENIE.

Le coucher du Soleil.

CANTATILLE.

» Le Soleil defcendant fur les plaines humides ;
» Alloit paffer la nuit avec les Néréides :
» Bondiffant & joyeux, les Moutons en bélant,
  » Retournoient au Village ;
» Et les échos voifins à leur bruit fe mélant,
» Faifoient tous à l'envi retentir le rivage.

L'Orqueftre imite le bélement des Moutons, & enfuite
le bourdonnement des Coufins.

ARIETTE.

 » Vous qui peuplez ces bords charmans,
» Volez, petits Coufins, & faites-nous entendre
 » Le bruit de vos bourdonnemens.

» Grondez, bleffez les cœurs qui craignent de fe
 » rendre,
» Mais ne piquez jamais les fidéles Amans,
 » Qui repofent fur l'herbe tendre.

» Vous qui peuplez ces bords charmans,
» Volez, petits Coufins, & faites-nous entendre
 » Le bruit de vos bourdonnemens.

Eh bien ! que dites-vous de cette Cantatille ?

La Peinture.

Que par-tout le Genie y brille.

Le Genie.

N'eft-il pas vrai qu'en ce Tableau
J'ai fçu répandre du Tenniere.

LA

LA PEINTURE.

Beaucoup, & même du Wateau,
Uniſſons-nous, & ſoyez mon confrere.

LE GENIE.

Je ferai voir dans tous les tems
Que cette qualité m'eſt chere,
Et c'eſt un prix dont mes vœux ſont contens.

Il ſort.

SCENE V.

SCAPIN, *Peintre,* LA PEINTURE.

LA PEINTURE.

A Quoi vous ſuis-je utile? eſt-ce affaire qui preſſe?

SCAPIN.

Vous voyez devant vous, Déeſſe,
Un Peintre d'un mérite exquis,
Qui vient vous ſupplier d'établir dans Paris
Une Ecole de caractere,
Qui de la vérité, montre l'expreſſion :
Je puis mieux que perſonne agir dans cette affaire,
Et je me chargerai de la commiſſion.

LA PEINTURE.

Volontiers, mais avez-vous fait vos preuves ?
Je voudrois voir du moins quelques épreuves.

SCAPIN.

Un Tableau que j'ai fait, ſera ma caution,

C

J'y peins une femme affligée ,
Au moment que son mari part ;
Dans sa parure négligée ,
Après avoir mis un peu d'art ,
D'une personne larmoyante ,
Je lui donne à propos tous les dehors trompeurs ,
Et j'ai mis dans ses yeux une douleur riante ,
Qui fait que le plaisir perce à travers les pleurs.

LA PEINTURE.

Cet ouvrage sera du goût des Connoisseurs.

SCAPIN.

Sur une affaire differente ,
Mais qui n'est pas moins importante ;
Aux Eleves , je veux montrer certain secret ;
La découverte est excellente.

LA PEINTURE.

Quel en est l'objet ?

SCAPIN.

Le Portrait.
Il est essentiel de les rendre agréables ,
La gaieté dans les traits fait un effet charmant
Mais tous les tems ne sont pas convenables ,
Pour rencontrer cet aimable enjouement.

LA PEINTURE.

Non ,

SCAPIN.

Le soin principal où mon esprit s'occupe ,
Est de saisir ce tems avec précision.
J'ai négligé long - tems cette précaution ,
Et bien souvent je m'en suis vû la dupe.

Un jour fur-tout j'eus un grand creve-cœur.
J'avois bien commencé le Portrait d'un Auteur,
    Et j'étois fûr d'avoir quelque fuffrage,
        Mais quand j'allai chez le Rimeur,
            Pour finir mon ouvrage,
On lui vint annoncer le plus trifte malheur,
        Dont l'ame puiffe être affligée.

LA PEINTURE.

Quoi donc ?

SCAPIN.

Le fuccès d'un Rival.
    Sa mine, en cet inftant fatal,
    D'un demi-pied, fut allongée,
Moi-même, à cet afpect, interdit & confus,
Dans ce que j'avois peins, je ne le trouvai plus.

LA PEINTURE.

D'un mouvement jaloux, c'eft l'effet ordinaire,
Et rien ne maigrit tant, qu'un Rival qui profpere.

SCAPIN.

J'avois une autrefois, de l'aimable Cloris,
Commencé de tracer les traits vifs & fleuris :
Dans ce moment, helas ! elle fit connoiffance
        D'un perfide, dont l'inconftance
        Effaça fon beau coloris.
Amour, cruel amour ! quel changement tu caufes !
        Elle avoit des Lys & des Rofes,
        Il ne lui refte plus que des Lys.

LA PEINTURE.

Belle leçon pour fes femblables.
                        C iij

S c a p i n.

Et très-bonne pour mes Portraits.
Je me suis mis au fait des momens favorables,
Pour faire des ouvrages gais.

L a   P e i n t u r e.

Comment !

S c a p i n.

Quand un Traitant de son Tableau me charge,
Pour lui donner un air de satisfaction,
J'attens le jour où l'on émarge
L'état de répartition.
Pour peindre, en bonne humeur, une mere coquette,
J'attens qu'elle ait à sa fillette
Dérobé quelque soupirant :
Pour peindre un Courtisan, je guete
L'instant où la disgrace abat son concurrent.

L a   P e i n t u r e.

Des talens, mon ame est éprise,
Le vôtre recevra son prix,
Et mon aveu vous autorise
A l'enseigner dès ce jour dans Paris.
Continuez toujours de même,
Du bon moment, sur-tout, songez à faire choix :
Ne peignez point les Clercs à la fin du Carême,
Ni les Banquiers le neuf du mois.

S c a p i n.

Pour trouver nos Iris dans une joie extrême,
Et les tirer avec succès,
J'attendrai que l'Hyver ramene les Plumets.

Il sort.

LA PEINTURE.

Je ne puis m'empêcher d'approuver son syſtême.

SCENE VI.

LA PEINTURE, UNE ECOLIERE

DE TERPSICORE, *qui arrive en danſant ſur un air gai.*

LA PEINTURE.

QUE veut cet agréable enfant ,
Qui chez nous arrive en danſant ?

L'ECOLIERE, *faiſant ſa révérence.*

Terpſicore, en ces lieux , m'envoye ,
Et je viens de ſa part.

LA PEINTURE.

Quoi ! pour me cenſurer ?

L'ECOLIERE.

Non , je viens pour vous admirer ,
De ſa commiſſion , je m'acquitte avec joie.

LA PEINTURE.

D'un aimable Courrier , la Déeſſe a fait choix.
Eh ! qui donc êtes-vous ?

L'ECOLIERE.

Je ſuis ſon Ecoliere ,

Et ma profeſſion me foumet à ſes loix,

LA PEINTURE.

Cette ſœur me fut toujours chere ,
J'aurois pourtant, ſi je l'oſois ,
Un petit reproche à lui faire.

L'ECOLIERE.

Pourquoi, s'il vous plaît ?

LA PEINTURE.

Je voudrois

Du deſſein dans ce qu'elle opere ,
Et du vrai dans ſes mouvemens :
Quoiqu'un certain Prologue en diſe ,
Tous ſes pas ne ſont pas toujours des ſentimens ,
Elle mêle ſa marchandiſe.
Il eſt ſous ſon empire un Peuple fretillant,
Au tour d'un même point ſans ceſſe tournillant,
Qui n'a preſque jamais que la même attitude ,
Et des agrémens d'habitude ,
Danſeurs puriſtes & léchés ,
Dont la danſe conſiſte en beaucoup d'airs panchés ,
Sans deſſein & ſans caractere ,
Faune , Matelot, Enchanteur ,
Romain , Sarmate , Grec , ne s'y diſtinguent guère
Que par l'habit.... l'habit ſeul eſt acteur.
On ne trouve pas là l'enſemble d'une entrée
Avec art figurée ,
Qui ſaiſiſſe.

L'ECOLIERE.

Avec vous j'en demeure d'accord ,
Mais , après tout , on a grand tort ,
Lorſqu'on s'en prend à Terpſicore :

Les Danſeurs, dont vous vous plaignez,
Par elle n'ont point eu l'honneur d'être enſeignez,
De ſes leçons, elle m'honore ;
Je vous proteſte avec ſincerité
Qu'elle ſuit avec ſoin l'exacte vérité.
La vérité chez elle en chaque rôle,
Sçait gouverner la jambe, les bras & les yeux.
Tenez, voilà comment à ſon école,
On nous apprend à faire un pas majeſtueux.

Elle danſe une Sarabande.

LA PEINTURE.

Vous ſortez de l'enfance, & déja la nobleſſe
Egale chez vous la juſteſſe !

L'ECOLIERE.

Voulez-vous, qu'en danſant, je vous peigne une
Agnès,
Telle que ce tems-ci nous en montre les traits ?
Dans une figure idiote,
Qui ne ſçait où placer ſes mains,
Je mets des regards incertains,
Je baiſſe l'œil, rougis, tremblote,
Et ſçais copier à propos,
Tous les traits anciens & nouveaux,
D'une fille qui fait la ſote,
Dans l'eſpoir de trouver des ſots.

Elle danſe la Niaiſe.

LA PEINTURE.

Jamais au Théatre lyrique,
De cette vérité, la danſe ne ſe pique.

L'ECOLIERE.

Bon ! j'ai vû dans ce lieu plus d'un original,
Non ſans copie, oſer dans un pas infernal,

Regarder, avec complaisance,
Et sa jambe & les bras. Quoi ! n'eſt-il pas bouffon,
De voir en doucereuſe & fade contenance,
Sur les rives du Stix, minauder un Démon.

LA PEINTURE.

Comment, en pareille occurrence,
Feriez-vous ?

L'ECOLIERE.

De cette façon.

Elle danſe la furie.

LA PEINTURE.

Plus on vous voit, plus vous êtes cherie ;
Du Public juſtement vous êtes les amours :
Par-tout même dans la furie
Vous êtes une grace, & la serez toujours.

L'ECOLIERE.

Mon art n'égale pas mon zéle,
Je vais chez Terpſicore, où mon devoir m'appelle,
Je lui demanderai pour ce ſoir un ballet.

LA PEINTURE.

J'en verrai volontiers l'effet.

SCENE VII. ET DERNIERE.

LA PEINTURE, ET LA POESIE.

LA POESIE.

DE votre sœur la plus cherie,
  Daignez recevoir le salut.
Tout le monde aujourd'hui vous offre son tribut,
Agrérez-vous le mien ?

LA PEINTURE.

            Charmante Poesie !
Votre hommage me comble & de joie & d'honneur,
    Aucun pour moi n'est plus flateur.

LA POESIE.

La réputation de vos divins ouvrages,
    Chez moi réveille dans ce jour,
    Le desir d'avoir des suffrages ;
    Et je viens dans ce beau séjour,
    Pour vous faire voir à mon tour
    Quelques essais de mes Images.

LA PEINTURE.

De votre art sur le mien, je sçai les avantages,
    C'est trop me faire votre cour.

LA POESIE.

Sur différens sujets, que j'ai tâché de rendre,
J'ai tracé quelques traits.

                    D

LA PEINTURE

> J'aſpire à vous entendre.

LA POESIE.

Je vais commencer par l'amour.
Produit par la beauté , ſouvent par le caprice ,
Guidé par la folie , & nourri par l'eſpoir ,
    Enfant pour la malice ,
    Et vieux pour le ſçavoir ,
    Sur ſon goût réglant ſon devoir ,
    Sourd à la voix de la juſtice ,
    Tiran flateur & gracieux ,
    Naturel & plein d'artifice ,
    Cruel au cœur , charmant aux yeux :
    Du plus puiſſant de tous les Dieux ,
    En quatre mots , voilà l'eſquiſſe.

LA PEINTURE.

Ces traits ſont aſſez réguliers ,
Et l'on y reconnoît le maître de Cythere.

LA POESIE.

Voulez-vous à préſent ſçavoir le caractere ,
    Des Guerriers François ?

LA PEINTURE.

> Volontiers.

LA POESIE.

Qu'un Guerrier François eſt aimable !
Sans avoir cet air formidable ,
Qu'affecte un feroce vainqueur.
Il en a le bras & le cœur.

Amant foumis, fujet fidéle,
Tour à tour il fert avec zele
Son Maître, & la beauté qui charme fes regards,
C'eft un Medor près d'une belle,
C'eft un Achille au Champ de Mars.

La Peinture.

Je vois dans ce tableau les traits du Militaire,
Mais fouvent la louange apporte de l'ennui :
Dans une critique legere,
Crayonnez-moi Paris, tel qu'il eft aujourd'hui.

La Poesie.

Dans la même maifon, fouvent au même étage,
Des Bourgeois de Paris, j'admire l'affemblage :
Sur un paillé commun, l'on y voit d'un côté
La févere Honefta, qui du rôle de prude,
Pour en tirer profit, s'eft fait une habitude.
Dans l'autre appartement réfide une beauté,
Qui, vivant des bienfaits d'un Amant vieux & riche,
Sous le joug apparent d'une Tante poftiche,
Se donne infolemment des airs de qualité.
L'interêt au premier nâge dans l'opulence,
La candeur près du toît, languit dans l'indigence.
Un étage plus bas, entre deux Ecrivains,
Loge un homme qui prête aux enfans de famille ;
Là c'eft un Medecin qui fait des orphelins,
Ici c'eft de Themis un fupôt qui les pille.

La Peinture.

A merveille !

La Poesie.

Paris eft un vafte féjour,
Où l'on ne connoît plus que feinte & que détour :
Le manege en fes murs pompeufement s'étale.

Dites-moi fi l'on voit jamais ,
Dans cette grande capitale ,
Des réuſſites ſans cabale ,
Des ſervices ſans interêts ?
Plus qu'en tout autre lieu du monde ,
Paris en bagatelle abonde ;
C'eſt une Ville où nous voyons
Bien des têtes , peu de cervelles ,
Beaucoup de Livres , peu de bons ,
Beaucoup d'Amans , point de fidelles.
Le Sçavant ne fait qu'embrouiller ,
Le bel Eſprit qu'entortiller ;
Le Théatre eſt plein de fadaiſes ,
Les diſcours de mauvais bons-mots ;
La Muſique eſt tout en dièzes ,
Et les Ballets ſont tout en ſauts.

LA PEINTURE.

C'eſt la vérité , mais la critique eſt trop forte.

LA POESIE.

Je le ſçais , & je vais le peindre d'autre ſorte.
Que Paris eſt charmant ! Que d'agrémens divers
  Par lui nous ſont offerts !
D'attraits & de plaiſirs , ſource toujours féconde ,
  Dans ſes murs il nous offre un monde.
C'eſt la ville où l'on voit régner l'amenité ,
C'eſt le ſéjour heureux de la délicateſſe ,
  Le centre de l'urbanité ,
  L'école de la politeſſe !
L'Univers , pour le goût , de lui prend des leçons ,
Il décide , & par-tout ſes loix ſont des raiſons ,
Beaux Arts , vous y regnez , chacun vous y révere.
  Quelle autre Ville ſur la terre
Poſſede pour la danſe un modele accompli ?

Quelle autre d'Euripide a vû naître un Confrere ?
Quelle autre nous préfente un Rival de Lulli ?
Le plus fçavant pinceau pourroit-il nous décrire
Tout ce qu'en ces Palais l'œil curieux admire ?
Des rivages du Tibre, ornemens précieux,
Beaux Jardins, notre goût peut oppofer au vôtre,
Le Parterre enchanté dont le fameux *Nautre*,
De la Seine embellit les bords délicieux.
Mais, quoique vos beautés de l'art foient un mi-
    racle,
        Egalez vous en agrément
Le Jardin, où l'Eté nous voyons frequemment,
        Au fortir d'un charmant fpectacle,
        Un fpectacle encor plus charmant ?
Quand fous des arbres verds, repofant à l'ombrage,
De Nymphes & d'Amours, des Quadrilles grou-
    pés,
Dans un galant maintien, leftement équipés,
Des Zéphirs amoureux y reçoivent l'hommage ;
Et qu'au milieu des Jeux, des Graces & des Ris,
        Cette douce & flatteufe image
        Fait douter à nos yeux furpris,
Si c'eft la Cour d'Hebé, de Flore ou de Cypris.

L A P E I N T U R E.

Ce Portrait eft d'après nature.

L A P O E S I E.

D'un Gafcon, pour finir, écoutez la Peinture.
A bien des animaux on compare un Gafcon,
Mais le Chat eft celui qui le peint à merveille ;
    Prouvons cette comparaifon :
    Si-tôt que le Gafcon s'éveille,

Il ne fait, comme un Chat, que fecouer l'oreille,
Et le voilà tout prêt, fans nulle autre façon.
Aux rufes d'un minet, fa fineffe eft pareille,
Auffi fouple, & marchant d'un pas auffi leger,
Il iroit fur des fleurs fans les endommager.
Par fa folâtre humeur, par fon adreffe extrème,
   Le Cadedis
   Comme un Mittis,
Sçait amufer le monde en s'amufant foi-même.
Quand il eft aux aguêts, comme un Chat attentif,
Patient, quoiqu'ardent, prudent, quoique très-vif,
   Nul obftacle ne le rebute,
   Nulle adverfité ne l'abbat ;
   Et quand, par malheur, il culbute,
Il fe trouve toujours fur fes pieds comme un Chat.

LA PEINTURE.

Je fuis de votre avis fur cette reffemblance.

      On entend une fimphonie.

LA POESIE.

Mais de quel bruit retentit ce lambris ?

LA PEINTURE.

  C'eft Terpficore qui s'avance,
  Pour s'acquitter en ma préfence,
  Du Baliet qui nous eft promis,
Sans nous piquer jamais d'aucune préférence,
Soyons, en bonnes Sœurs toujours d'intelligence.

LA POESIE.

Qu'un mutuel amour rende nos cœurs unis,
  Et pour la gloire de la France,
  Que tous les beaux Arts foient amis.

LA PEINTURE *au parterre.*

Pour moi rien ne pourra diminuer mon zèle ,
Et je ferai , Meſſieurs , au comble de mes vœux ,
Si je puis amuſer votre eſprit en ces lieux ,
Autant que mes ſujets par leur crayon fidele ,
Dans un ſalon célébre , ont amuſé vos yeux.

On danſe.

DIVERTISSEMENT.

AIR.

TRiomphez , Peinture charmante ,
    Qu'à jamais on vous chante :
Votre ſecours ſoulage le fardeau
    D'une trop longue abſence ;
    C'eſt par votre puiſſance
Que nous vivons au-delà du tombeau.
    Triomphez , &c.

AIR.

AH , que le Dieu de la tendreſſe ,
    Sçait peindre avec adreſſe ,
    Et que ſon coloris eſt beau !
    Du tendre Objet qui nous engage ,
    Ses traits nous tracent mieux l'image ,
    Que le plus habile pinceau.

VAUDEVILLE.

QUand huit jours , après le contrat ,
    Un Epoux inconſtant oublie
Tout ce qu'il doit à ſon état ,
    Il n'eſt pas ſans copie :
Si il en eſt un , d'un feu toujours égal ,

Tel qu'en la premiere journée,
De l Hymenée.
C'eſt un original.

L'Ami qui nous quitte aiſément,
Quand notre fortune varie,
Se voit ici communément,
Il n'eſt pas ſans copie.
S'il eſt encor un cœur franc & loyal ,
Qui malgré notre ſort funeſte,
Toujours nous reſte ,
C'eſt un original.

D'un émule qui réuſſit ,
Quand on a de la jalouſie,
Dans ce chagrin dans ce dépit,
On n'eſt pas ſans copie.
Si quelque Auteur du ſuccès d'un rival ,
Se réjouit d'un cœur ſincère,
En bon Confrere ,
C'eſt un original.

Dans Berg-op-Zoom , nos Ennemis
Croyoient leur force inſurmontable :
A leurs dépens ils ont appris ,
Qu'il n'eſt rien d'imprenable.
A la prudence , ainſi qu'a la valeur ,
On doit cette Place importante :
Que chacun chante
Son glorieux Vainqueur.

Le

Le Léopard & le Lion
Se flattoient que leur forteresse,
Tiendroit plus long-tems qu'Illion
    Ne tint contre la Grece ;
Mais à l'assaut le Coq osa monter,
    Avec tant de force & d'audace,
        Que dans la Place
On l'entendit chanter.

Messieurs, nous aurions souhaité,
    Pour meriter votre suffrage ,
De mettre plus de nouveauté,
    Dans ce petit Ouvrage :
Mais Apollon n'est plus si liberal ;
    Il faut aujourd'hui qu'un Genie
        Long - tems copie ,
    Pour être original.

F I N.

J'Ai lû par ordre Monsieur le Lieutenant Général de Police ; une Comédie, qui a pour titre, *Les Tableaux*, & je crois que l'on peut en permettre l'Impression ; ce 27 Septembre 1747.

                CREBILLON.

Vû l'Approbation du sieur Crebillon ; permis d'imprimer, à la charge d'enregistrement à la Chambre Syndicale, ce 3 Octobre 1747.

                BERRYER.

Registré sur le Registre de la Communauté des Libraires & Imprimeurs de Paris, N°. 3193. à Paris le 6 Octobre 1747. CAVELIER, *Syndic.*